1. Lesestufe

Katja Königsberg

Schulhofgeschichten

Mit Bildern von Heike Wiechmann

Ravensburger Buchverlag

Bibliografische Information Der Deutschen Nationalbibliothek:

Die Deutsche Nationalbibliothek verzeichnet diese Publikation
in der Deutschen Nationalbibliografie.
Detaillierte bibliografische Daten sind im Internet
über **http://dnb.d-nb.de** abrufbar.

1 2 3   12 11 10

Ravensburger Leserabe
© 2005, 2010 Ravensburger Buchverlag Otto Maier GmbH
Umschlagbild: Heike Wiechmann
Umschlagkonzeption: Sabine Reddig
Redaktion: Marion Diwyak / Sabine Schuler
Printed in Germany
ISBN 978-3-473-36321-6

www.ravensburger.de
www.leserabe.de

Inhalt

Lars und Lena

Es klingelt zur großen Pause.
Alle rennen hinaus auf den Hof.
Lena trottet allein hinterher.

Sie setzt sich auf die Mauer
am Schulgarten.

Seit drei Tagen geht sie nun schon
in die neue Schule.
Seit drei Tagen wartet sie darauf,
dass sich jemand zu ihr setzt.

Aber niemand kommt.

Die Jungen spielen Fußball.

Die Mädchen springen Seil.

Hinten im Schulgarten

steht ein kleines Haus.

Da wohnt der Hausmeister Herr Marx.

Lars mit den roten Haaren
schleicht über den Kiesweg.
An der Tür bleibt er stehen
und guckt sich um.

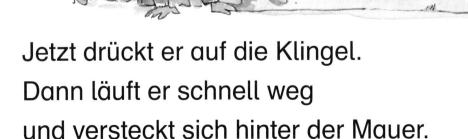

Jetzt drückt er auf die Klingel.
Dann läuft er schnell weg
und versteckt sich hinter der Mauer.

Der Hausmeister macht die Tür auf.

Niemand ist da.

Herr Marx sieht sehr wütend aus.

„Hast du geklingelt?",
ruft er Lena zu.
Die schüttelt erschrocken den Kopf.

„Wer war es denn dann?",
fragt der Hausmeister.
„Du hast es doch sicher gesehen!"

Lena zuckt nur die Achseln.
Zornig wirft Herr Marx die Tür zu.

Lars huscht aus dem Gebüsch.

Er grinst Lena an und sagt: „Danke,

dass du mich nicht verpetzt hast!"

„Gern geschehen!", sagt Lena

und grinst zurück.

Lars fragt: „Hast du vielleicht Lust,
mit mir Murmeln zu spielen?"
Und ob Lena Lust hat!

Lars und Lena suchen sich
auf dem Hof eine ruhige Ecke
und spielen Murmeln,
bis die Pause zu Ende ist.

Wie immer stellen sich alle Kinder
zu zweit in einer Reihe auf.

Lars gibt Lena die Hand und sagt:
„Wir gehen zusammen!"

Lena freut sich.

Hand in Hand mit Lars

springt sie die Treppe hinauf.

Hand in Hand mit ihm

läuft sie über den Flur.

An Lenas Tisch ist noch ein Platz frei.

Lars holt seinen Ranzen

und setzt sich neben Lena.

Die Lehrerin nickt und lacht.

Arme Katze!

Hurra, die Schule ist aus!
Lars und Lena rennen vergnügt
über den Schulhof.

Da hören sie hinter sich
plötzlich ein lautes Scheppern
und ein verzweifeltes Miauen.

Die Katze des Hausmeisters
saust schnell wie ein Blitz
an ihnen vorbei.

Jemand hat ihr eine leere Dose
an den Schwanz gebunden.

Der dicke Timo aus der dritten Klasse
hält sich vor Lachen den Bauch.

„Hast du das gemacht?",
fragt Lars empört.

Timo lacht nur noch lauter.
„Na und?", fragt er zurück.
„Ich finde das lustig!"

„Ich nicht!", sagt Lena.
„Das ist einfach nur gemein!"

Die Katze klettert auf einen Baum
und kauert sich auf einen Ast.
Sie schreit jämmerlich weiter.

„Bestimmt hat sie Angst", sagt Lena.
„Ich werde ihr helfen!", sagt Lars.

20

Vorsichtig klettert er auf den Baum.
Er setzt sich auf den untersten Ast
und streckt der Katze die Hand entgegen.

„Bleib ganz ruhig!", sagt er.

„Du musst keine Angst haben."

Langsam klettert er näher und näher.

Jetzt hat er die Katze erreicht.

Er befreit sie von der Dose

und nimmt sie behutsam auf den Arm.

Langsam steigt er vom Baum.

Lena läuft aufatmend hin.
Sie streichelt die Katze und hört,
wie sie zu schnurren beginnt.

Der dicke Timo ist nicht mehr da.
Aber der Hausmeister Herr Marx
kommt jetzt mit großen Schritten
über den Schulhof gerannt.

Er ruft schon von Weitem:

„Ich hab alles gesehen!

Das hast du ganz toll gemacht, Lars!"

Die Katze miaut ihm erfreut entgegen.

Aber von Lars will sie nicht weg.

Ganz vorsichtig setzt er sie
auf dem Boden ab.
„Bis bald, meine Süße!", sagt er.

Der Hausmeister nickt.
„Du kannst uns gern mal besuchen."

„Ich auch?", fragt Lena.
„Du auch!", sagt Herr Marx.
„Miau!", macht die Katze.
Alle vier sind sich also einig.

Die Schulhof-Detektive

Lars und Lena haben gestern
im Fernsehen einen Krimi gesehen.

Darin hat ein schlauer Detektiv
einem Dieb das Handwerk gelegt.

Gleich als der Film zu Ende war,
haben Lars und Lena beschlossen,
auch Detektive zu werden.

In der großen Pause erzählen sie
den anderen von ihrem Plan.

Die einen finden die Sache
ziemlich verrückt.
Die anderen sind ganz begeistert.

David ruft: „Ich könnte sofort
zwei tüchtige Schnüffler brauchen.
Mein Schlüssel ist nämlich weg!"

Lars und Lena schauen sich zweifelnd an.
Ist das wirklich ein Fall
für zwei begabte Detektive wie sie?

David sagt:

„Ihr bekommt dafür eine Belohnung.

Eine große Tüte Gummibärchen!"

„Na gut", sagt Lena.

„Dann erzähl uns doch mal,

was du heute gemacht hast!"

David runzelt die Stirn.

Nach und nach erinnert er sich:

Heute Morgen hat er wie immer

mit seiner Mama gefrühstückt.

Danach hat er seinen Ranzen gepackt

und seine Jacke angezogen.

Dann hat er die Wohnung verlassen
und sorgfältig die Tür abgeschlossen.

Im Flur hat er sich den Schlüssel
wie gewohnt um den Hals gehängt.

Auf dem Schulweg ist er gerannt.

Der Schlüssel am Band

ist auf seiner Brust nur so gehüpft.

In den ersten zwei Stunden

hat David Sport gehabt,

genau wie die anderen.

Danach war der Schlüssel weg.
David hat ihn in der ganzen Turnhalle
vergeblich gesucht.

„Halt mal!", sagt Lars.
„Du hast doch heute Früh
eine Jacke angehabt.
Wo ist die jetzt?"

„Ich habe sie vor der Turnhalle
an einen Haken gehängt“,
sagt David verdutzt.
„Da hängt sie noch immer.“

Lenas Augen blitzen vergnügt.
„Bestimmt hast du den Schlüssel
in irgendeine Tasche gesteckt.“

„Todsicher!", ruft Lars.

„Beim Sport wäre dir das Ding
doch nur lästig gewesen."

„Ihr Schlaumeier!", murmelt David.

Wie ein geölter Blitz saust er davon.

Als er zurückkommt,
schwenkt er mit einer Hand
den Schlüssel am Band.

In der anderen schwenkt er
eine große Tüte Gummibärchen.
Strahlend ruft er:
„Und das ist für zwei gute Detektive!"

Alle lachen und klatschen Beifall.

Lars und Lena verbeugen sich stolz.

Dann teilen sie sich die Gummibärchen.

Sie haben ihren ersten Fall gelöst.

Hoffentlich kommt bald der nächste!

Leserätsel

mit dem Leseraben

Super, du hast das ganze Buch geschafft!
Hast du die Geschichten ganz genau gelesen?
Der Leserabe hat sich ein paar spannende
Rätsel für echte Lese-Detektive ausgedacht.
Wenn du Rätsel 4 auf Seite 42 löst, kannst du
ein Buchpaket gewinnen!

Rätsel 1

In dieser Buchstabenkiste haben sich vier Wörter
aus den Geschichten versteckt. Findest du sie?

F	K	L	A	S	S	E
O	L	R	T	D	C	V
E	L	P	L	I	U	B
P	A	U	S	E	Ä	H
Q	Ü	M	N	B	Z	O
M	A	G	R	R	A	F

Rätsel 2

Der Leserabe hat einige Wörter aus den
Geschichten auseinandergeschnitten.
Immer zwei Silben ergeben ein Wort.
Schreibe die Wörter auf ein Blatt!

Schu-   -zen

Ran-

-ze   -sel

Schlüs-   Kat-   -le

Rätsel 3

In diesem Satz von Seite 17 sind acht falsche
Buchstaben versteckt. Lies ganz genau und trage
die falschen Buchstaben der Reihe nach in die
Kästchen ein.

Die Katzes decs Hahusmeisters
saust schneull wiel ein Blitz
wan eihnen vorbeig.

1	2	3	4	5	6	7	8

41

Rätsel 4

Beantworte die Fragen zu den Geschichten.
Wenn du dir nicht sicher bist, lies auf den Seiten
noch mal nach!

1. Wieso setzt sich Lars neben Lena? (Seite 15)
   U : An ihrem Tisch ist noch ein Platz frei.
   A : Lars möchte nicht mehr alleine sitzen.

2. Was hat Timo der Katze des Hausmeisters
   an den Schwanz gebunden? (Seite 17)
   S : Einen bunten Schal.
   R : Eine leere Dose.

3. Weshalb braucht David zwei Detektive?
   (Seite 29)
   P : Er findet seinen neuen Füller nicht mehr.
   E : Er hat seinen Schlüssel verloren.

Lösungswort:

M		M	L
1	2	3	

Rabenpost

Jetzt wird es Zeit für die Rabenpost! Besuch mich doch auf meiner Homepage **www.leserabe.de** und gib dort unter der Rubrik „Leserätsel" das richtige Lösungswort ein. Es warten außerdem noch tolle Spiele und spannende Leseproben auf dich! Oder schreib eine E-Mail an **leserabe@ravensburger.de**. Jeden Monat werden 10 Buchpakete unter den Einsendern verlost! Natürlich kannst du mir auch eine Karte schicken.

An den LESERABEN
RABENPOST
Postfach 2007
88190 Ravensburg
Deutschland

Ich freue mich immer über Post!

Dein Leserabe

Ravensburger Bücher vom Leseraben

1. Lesestufe für Leseanfänger ab der 1. Klasse

ISBN 978-3-473-**36204**-2

ISBN 978-3-473-**36389**-6

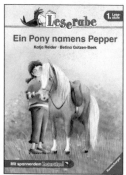

ISBN 978-3-473-**36393**-3

2. Lesestufe für Leseanfänger ab der 2. Klasse

ISBN 978-3-473-**36208**-0

ISBN 978-3-473-**36173**-1

ISBN 978-3-473-**36395**-7

3. Lesestufe für Leseanfänger ab der 3. Klasse

ISBN 978-3-473-**36210**-3

ISBN 978-3-473-**36214**-1

ISBN 978-3-473-**36187**-8

www.ravensburger.de / www.leserabe.de

Ravensburger